VENTE
Du Mercredi 27 Mai 1908
HOTEL DROUOT, SALLE N° 4
à 2 heures 1/4

OBJETS DE CURIOSITÉ

DU XIVe AU XVIIIe SIÈCLE

Sculptures, Émaux champlevés, Bronzes

MINIATURES, PORCELAINES ANCIENNES, ORFÈVRERIE

MEUBLES EN BOIS SCULPTÉ

TABLEAUX, DESSINS, GRAVURES

Me HENRI BERNIER
Commissaire-Priseur
M. ARTHUR BLOCHE
Expert près la Cour d'appel

CATALOGUE

DES

OBJETS DE CURIOSITÉ

DU

XIVe AU XVIIIe SIÈCLE

Sculptures sur Pierre, Marbre, Bois et Terre cuite

ÉMAUX CHAMPLEVÉS, BRONZES, CUIVRE, ORFÉVRERIE

Service de table de Wedgwood

MINIATURES, ANCIENNES PORCELAINES, FAIENCES

MEUBLES EN BOIS SCULPTÉ

Tableaux, Dessins, Gravures

MONNAIES, MÉDAILLES, BRODERIES

DONT LA VENTE AURA LIEU

HOTEL DROUOT, SALLE N° 4

Le Mercredi 27 Mai 1908, à 2 heures 1/4

Me HENRI BERNIER	M. ARTHUR BLOCHE
COMMISSAIRE-PRISEUR	EXPERT PRÈS LA COUR D'APPEL
11, rue Saint-Lazare	52, rue de Châteaudun

(Chez lesquels se trouve le présent Catalogue

EXPOSITION PUBLIQUE

Mardi 26 Mai 1908, de 2 heures à 6 heures

CONDITIONS DE LA VENTE

Elle sera faite *au comptant.*

Les adjudicataires paieront *dix pour cent* en sus des enchères.

L'exposition mettant le public à même de se rendre compte de l'état et de la nature des objets, aucune réclamation ne sera admise une fois l'adjudication prononcée.

Paris. — Imp. de l'Art, Ch. Berger et Cie, 41, rue de la Victoire.

DÉSIGNATION

SCULPTURES

PIERRE, MARBRE, BOIS, TERRE CUITE

1 — Groupe en pierre, représentant la Vierge portant l'Enfant Jésus, en pierre de Tonnerre. Œuvre très intéressante par l'expression et le caractère des visages, l'exécution des draperies qui autorisent à l'attribuer au XIVe siècle

2 — Groupe en pierre : la Vierge et l'Enfant, avec vestiges de peinture polychrome. Fin du XIVe ou commencement du XVe siècle.

3 — Buste reliquaire, représentant Saint Denis. XVIe siècle.

4 — Chapiteau en pierre. XIVe siècle.

5 — Groupe en pierre : la Vierge portant l'Enfant Jésus. XVe siècle.

6 — Chapiteau romain en marbre de Carrare.

7 — Chef de moine en pierre. XVe siècle.

8 — Bas-relief en terre cuite, représentant un enlèvement de bacchante par deux satyres. Signé à gauche : *Clodion.* Œuvre intéressante attribuée au maître. Dans un cadre à moulures, de l'époque Louis XIII.

9 — Bas-relief en terre cuite : l'Enlèvement de Psyché, d'après PRUD'HON. Signé du monogramme *M. P. L.* Daté : *1843.*

10 — Colonne en marbre blanc, embase carrée et chapiteau sculpté, à ornements enroulés. Attribuée au XIIe siècle. École d'Arles.

11 — Fragment de frise en marbre, offrant en bas-relief des arabesques de fleurs et de feuillages. Provenant de l'ancien théâtre d'Orange (?).

12 — Fragment de frise en marbre, offrant en haut relief un buste d'enfant vu de trois quarts. Attribué à la même époque.

13 — Chapiteau en pierre, avec tête de personnage et ornements se détachant en ronde-bosse.

14 — Groupe en bois sculpté, offrant en haut relief une Piéta. Composition de trois personnages. XVe siècle.

15 — Groupe en bois sculpté, représentant une Piéta. École de Bourgogne. XVe siècle.

16 — Grand groupe en bois sculpté et peint polychrome, représentant Saint Georges. Commencement du XVIe siècle.

17 — Groupe en bois sculpté, peint et doré, représentant la Vierge assise tenant l'Enfant Jésus sur ses genoux. (Manque la tête de l'Enfant et la main droite de la Vierge.) XIVe siècle.

18 — Grand Christ en bois sculpté sur sa croix, de l'époque. XVIe siècle. — Haut., 1 m. 85 cent.

19 — Six panneaux et montants en bois sculpté, à cariatides et autres motifs. Style XVIe siècle et Louis XV.

20 — Grande potence en bois sculpté. Époque Henri II.

21 — Trois grands panneaux de chêne gothiques, dessins à ornements.

22 — Deux panneaux en bois sculpté, offrant en bas-relief des bustes de personnages casqués. XVIe siècle.

23 — Haut relief sur bois, représentant la Descente de croix. Composition de sept personnages. XVe siècle.

24 — Statuette d'enfant chasseur en bois sculpté. Commencement du XVIIe siècle.

25 — Colonnette cannelée, avec chapiteau, en bois sculpté.

26 — Deux petites figurines d'enfants en bois sculpté. Commencement du XVIIe siècle.

27 — Figurine d'applique en bois sculpté : Femme debout. XVIe siècle.

28 — Baromètre rond, avec cadre à fronton, en bois sculpté et doré. Époque Louis XVI.

29 — Statuette d'ange porte-torchère en bois sculpté, habillé dans un grand manteau drapé, avec agrafe. Fin du xve siècle.

30 — Petite console d'applique en bois sculpté, offrant en haut relief une tête de personnage se caressant le menton. Attribuée au xvie siècle.

31 — Cadre de miroir en bois sculpté, à ornements. Époque Louis XIV.

32 — Fragment de cadre en bois sculpté, à ornements. Époque Louis XIV.

33 — Baromètre en bois sculpté, parties dorées. Époque Louis XV.

34 — Grand coffre en bois sculpté, décoré de motifs à serviettes, avec serrure en fer. xve siècle.

35 — Statuette de Saint Georges tenant l'évangile en bois sculpté. xvie siècle.

36 — Statue d'évêque tenant sa crosse de la main gauche en bois sculpté, représentant Saint Vulfran-d'Abbeville. xvie siècle.

37 — Huit panneaux en bois sculpté, dessin ogival, dont quatre armoriés.

38 — Console, de style gothique, à feuillages lobés en grès.

39 — Fauteuil en bois sculpté, garni, non couvert. XVIIIe siècle.

40 — Deux petits bancs en bois, dossiers à balustrades. XVIe siècle.

41 — Table rectangulaire en bois sculpté sur les quatre faces. Epoque Louis XIII.

ÉMAUX CHAMPLEVÉS

BRONZES, ORFÈVRERIE, ARMES

OBJETS DIVERS

42 — Belle croix en cuivre champlevé et émaillé, à décor de rosaces sur fond bleu, avec Christ fixé par quatre clous, en cuivre et en relief, avec traces de dorure. Travail de Limoges du XIIIe siècle.

43 — Deux petits bustes en bronze patine noire: Empereurs romains. XVIe siècle. Socles en bois.

44 — Cheval en bronze Louis XIV. Socle en bois.

45 — Christ en bronze patine foncée, avec draperie et chevelure dorées. XVIe siècle.

46 — Bénitier formé d'une plaque d'écaille, offrant en relief la Sainte Madeleine; cadre en bois garni d'argent. XVIIe siècle.

47 — Couteau avec manche en ivoire sculpté, à figures allégoriques. XVIe siècle.

48 — Grand gobelet avec couvercle en argent repoussé, parties dorées. XVIIIe siècle.

49 — Paire de flambeaux en bronze argenté. Époque Louis XVI.

50 — Hallebarde en fer avec sa hampe. XVIe siècle.

51 — Deux pistolets, batterie à pierre. XVIIIe siècle.

52 — Lot intéressant de fragments de vitraux anciens : lettres, ornements, sujets, etc.

*

53 — Monnaies de bronze de diverses époques.

54 — Trois fioles acrimatoires en verre antique, avec irisations.

55 — Vase étrusque brisé, offrant une anse à figure de Tanagra, un mascaron décorant la panse et deux petites têtes qui ornaient les côtés.

56 — Cinq pièces de Tanagra : bustes, masques et têtes.

57 — Plaquette lenticulaire en bronze, offrant en bas-relief une tête de personnage lauré entourée d'inscriptions hébraïques, et au revers, sur le bord, une inscription latine. XVIe siècle.

58 — Cloche d'autel en bronze fleurdelisé. Fin du XVe siècle.

59 — Petit brûle-parfums lenticulaire tripode, dessin au piqué. Venise, XVIe siècle.

60 — Groupe équestre : Bouddha sur un cerf. Bronze ancien de la Chine, à patine brune.

61 — Bac en cuivre rouge à deux anses. Époque Louis XIII.

62 — Quatre entrées de serrures et poignées de commode en bronze doré, à rocailles. Époque Louis XV.

63 — Deux porte-cierges en cuivre poli. Époque Louis XIII.

64 — Plaque en cuivre, offrant les porteurs de la grappe de Canaan. XVIe siècle.

64 *bis* — Douze médailles de bronze du XIXe siècle.

MINIATURES

65 — Miniature ronde sur ivoire : Portrait d'homme regardant de face. Signée : JULIE LENOIR et datée : *1815*.

66 — Miniature ronde sur ivoire, représentant deux enfants venant sacrifier à l'amour. Époque Louis XVI.

67 — Miniature ronde sur ivoire, représentant une jeune femme dansant. Fin XVIIIe siècle.

68 — Miniature ovale sur cuivre : Portrait présumé du cardinal de Richelieu. Œuvre d'une grande finesse de touche. Attribuée à PHILIPPE DE CHAMPAGNE.

FAIENCES, PORCELAINES

69 — Service de table en faïence de Wedgwood, décor à fleurs, bordure feuilles de choux en violet, relevé d'or par parties, composé de cent trente pièces : soixante assiettes plates, vingt-deux assiettes creuses, seize à dessert, deux grandes soupières avec couvercles, trois sucriers ou saucières, deux légumiers ou saladiers, deux autres avec couvercles, deux raviers et vingt et un plats de cinq grandeurs différentes.

70 — Plat en faïence hispano-mauresque à ombilic, marli à inscription, bordure à palmes. XVe siècle.

71 — Tasse et soucoupe en ancienne porcelaine pâte tendre de Saint-Cloud, décor en bleu à lambrequins.

72 — Groupe en ancienne porcelaine blanche de Vienne.

73 — Petite chocolatière en ancienne porcelaine de Saxe à fleurs.

74 — Quatre pots de toilette en ancienne porcelaine de Mennecy, décor en bleu.

75 — Hanap en ancienne porcelaine de Saxe, décor à fleurs un relief.

76 — Paire de cache-pots à anses en porcelaine anglaise, décor de volatiles.

77 — Huilier en ancienne faïence du Midi, fond jaune à fleurs.

78 — Deux bouquetières à tubes en faïence, décor en bleu.

79 — Assiette en ancienne porcelaine gris craquelé de Chine.

80 — Deux compotiers en vieux Chine, bordure extérieure, fond capucin.

81 — Quatre très petites potiches en ancienne porcelaine de Chine, décor en polychrome.

82 — Deux assiettes en ancienne faïence de Delft, décor polychrome.

83 — Deux flacons à thé en ancienne porcelaine d'Allemagne.

84 — Deux coupes, forme coquilles, en ancienne porcelaine anglaise, décor à volatiles; bordure gros bleu et or.

85 — Lampe en terre vernissée.

BRODERIES

86 — Bande d'orfroi, offrant en broderie un saint et une sainte, des gerbes de fleurs et autres motifs en soie et fils métalliques. XVIe siècle.

87 — Médaillon en broderie de soie et d'argent, représentant le Père Éternel tenant la boule du monde sous un arceau. En partie du XVIe siècle.

88 — Médaillon en broderie, représentant Saint Michel. XVIe siècle.

89 — Motif de broderie religieuse, encadré. XVIIIe siècle.

TABLEAUX

DESSINS, GRAVURES

L'ALBANE (Attribué à)

90 — *La Farandole des bambins.*

Cadre ancien en bois sculpté et doré.

BOULLON (M.)

91 — *Bouquet de fleurs dans un verre.*

Cuivre. Signé et daté : *1651*.

BRANDT (D'après LE FILS)

92 — *Première Vue d'un paysage d'Autriche.*

Gravure en noir, par ZINGG.

CALAME

93 — *Paysages.*

Deux dessins.

(*Vente de l'artiste.*)

CARRIÈRE (Alphonse)

94 — *Le Billet doux.*

Dessin à la mine de plomb.
Signé et daté : *1859*.
Avec dédicace.

CARRIÈRE (A.)

95 — *Les Confidences galantes : Gentilhomme et Grande Dame en costume Henri III dans un parc.*

Dessin signé.

CHARLET

96 — *L'École de garçons.*

Dessin au lavis.

CRAPELET

97 — *Le Vieux Port de Marseille.*

Aquarelle.

DIAZ

98 — *Portrait d'un Pope à barbe blanche.*

Signé en haut.

DROGSLOOT

99 — *Le Départ pour la chasse.*

Cadre ancien en bois sculpté.

HUET (D'après JEAN-BAPTISTE)

100 — *L'Amant pressant.*

Gravure en noir, par LEGRAND.

GÉRICAULT (Attribué à)

101 — *Cavalier au galop.*

Dessin à la plume.

GREUZE (D'après)

102-103 — *La Malédiction paternelle et le fils puni.*

Deux gravures en noir avant la lettre.

HUTIN (D'après)

104 — *Gravure en noir, représentant Joseph et Madame Putiphar.*

D'après JORDAENS.

LALANNE

105 — *Le Bassin d'Arcachon.*

MONTICELLI

106 — *Mousquetaire et Grande Dame se reposant au pied d'nn arbre.*

Pastel.
Signé.

107 — *Le Repos champêtre.*

Signé.

108 — *La Contemplation de l'horizon.*

Signé.

SMITH

109 — *Paysage.*

110 — *Sous bois.*

Deux dessins, mine de plomb.

ÉCOLE FRANÇAISE

111 — *Fleurs et Fruits.*

Deux dessus de portes.

112 — Suite de dessins et aquarelles de différentes écoles.

113 — Six pièces en couleurs : *Épisodes de la guerre de 1870.*

114 — Suite de portraits, gravures, des XVIIIe et XIXe siècles.

115 — Suite d'eaux-fortes, de VERNIER, DELATTRE et JEAN-PAUL LAURENS.

116 — Suite de gravures, lithographies, pièces en couleurs, du XIXe siècle.

117 — Gravures commémoratives de la mode et de l'Exposition de 1867.

118 — Suite de gravures, d'après THOMAS, COUTURE, RUBENS, BEAUDOUIN, LEBRUN, GUÉRIN, DESRAIS, CALLOT, YON, LAVRENCE, COUDER.

119 — Réunion de brochures du *Petit Courrier des Dames*, avec gravures hors texte en couleurs, représentant les modes de la femme du temps de Louis-Philippe et de Napoléon III.

120 — Suite de lithographies, représentant les acteurs et actrices célèbres de l'époque du Second Empire dans leurs différents rôles.

121 — Le Journal *l'Art* du 1er janvier 1884 au 15 avril 1885. Suite de brochures illustrées.

122 — *Le Soleil du dimanche*, année 1890.

123 — Objets omis.

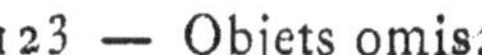

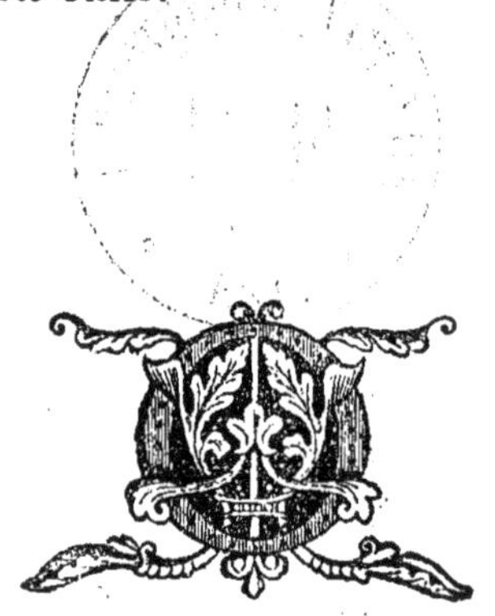

www.ingramcontent.com/pod-product-compliance
Ingram Content Group UK Ltd.
Pitfield, Milton Keynes, MK11 3LW, UK
UKHW021039260726
13994UKWH00005B/2255